BEI GRIN MACHT SICH IHR WISSEN BEZAHLT

AF150243

- Wir veröffentlichen Ihre Hausarbeit, Bachelor- und Masterarbeit

- Ihr eigenes eBook und Buch - weltweit in allen wichtigen Shops

- Verdienen Sie an jedem Verkauf

Jetzt bei www.GRIN.com hochladen
und kostenlos publizieren

Ewgeni Neif

Proteingewinnung aus der Sojabohne

GRIN Verlag

Bibliografische Information der Deutschen Nationalbibliothek:

Die Deutsche Bibliothek verzeichnet diese Publikation in der Deutschen National-
bibliografie; detaillierte bibliografische Daten sind im Internet über http://dnb.d-
nb.de/ abrufbar.

Impressum:

Copyright © 2012 GRIN Verlag GmbH
Druck und Bindung: Books on Demand GmbH, Norderstedt Germany
ISBN: 978-3-656-38844-9

Dieses Buch bei GRIN:

http://www.grin.com/de/e-book/210494/proteingewinnung-aus-der-sojabohne

GRIN - Your knowledge has value

Der GRIN Verlag publiziert seit 1998 wissenschaftliche Arbeiten von Studenten, Hochschullehrern und anderen Akademikern als eBook und gedrucktes Buch. Die Verlagswebsite www.grin.com ist die ideale Plattform zur Veröffentlichung von Hausarbeiten, Abschlussarbeiten, wissenschaftlichen Aufsätzen, Dissertationen und Fachbüchern.

Besuchen Sie uns im Internet:

http://www.grin.com/

http://www.facebook.com/grincom

http://www.twitter.com/grin_com

1. Einleitung und Fragestellung

Diese Hausarbeit befasst sich mit der Proteingewinnung aus Sojabohnen und den, aus technischer und wirtschaftlicher Sicht zusammenhängenden Möglichkeiten der Ölgewinnung. Zunächst wird grundsätzlich die Bedeutung und Eigenschaft der Sojabohne als Rohstoff und Lebensmittel definiert. Ein weiterer Punkt, der anschließend bearbeitet wird, ist der Stand der Technik und die daraus resultierenden Prozesse inklusive ihre Gegenüberstellung. Anschließend werden aktuelle Innovationsversuche und Möglichkeiten analysiert, die dann zur Fragestellung nach der Wirtschaftlichkeit der neuen Prozesse führen.

2. Eigenschaft und Bedeutung der Sojabohne

Heutzutage dienen Sojabohnen zur Herstellung von Futtermittel oder auch Proteinprodukten sowie dabei anfallenden Nebenprodukten. Sie sind aber auch eine wichtige Rohstoffbasis für Sojaprodukte die Backwaren, Milchprodukten und Müsliriegeln zugesetzt werden. Bevor die Sojabohne als Proteinprodukt weiterverarbeitet werden kann, muss diese entölt werden. So ergibt es sich, dass Sojabohnen vor allem als Rohstoff für die industrielle Ölgewinnung eingesetzt werden. Das traditionelle Anwendungsgebiet der Sojabohne ist dennoch die Produktion von Lebensmittel wie Tofu und Sojamilch, ins besonders im Asiatischen Raum.

Die Sicherstellung des Bedarfs an Speiseöl erfolgt heutzutage, mit einem Anteil von 50%, aus Sojabohnen. Demnach stellt die Sojabohne die bedeutendste Rohstoffquelle für Speiseöl dar und das trotz eines relativ geringem Ölgehalt der Sojabohne von ca. 20%. [1,2]

2.1 Defizite im Ernährungsverhalten und die Sojabohne als Lösungsansatz

Das aktuelle Ernährungsverhalten der Bevölkerung fällt mit erheblichen Defiziten auf. So wird zwar im Vergleich zu vergangenen Jahren weniger Fett Konsumiert, im Gegenzug aber zu viele gesättigte Fettsäuren [3], die mit erhöhten gesundheitlichen Risiken einhergehen. Mögliche Folgen eines erhöhten Verzehrs von gesättigten Fettsäuren können koronare Herzerkrankungen, Stoffwechselstörungen und Adipositas sein. Um diese Risikofaktoren zu senken sollte die täglich aufgenommene Menge des tierischen Proteins zugunsten von pflanzlichem Protein, wie es in der Sojabohne vorkommt reduziert werden. Der Verzehr von tierischem Protein sollte dementsprechend von derzeit 200 bis 250 g/Person/Tag auf ca. 90 g/Person/Tag gesenkt werden. [4]

Ein weiterer Grund für die Sojabohne als Lösungsansatz gegen die Risikofaktoren ist die Aminosäurezusammensetzung und die daraus resultierende biologische Wertigkeit. Die biologische Wertigkeit gibt an wie viel Gramm Körpereiweiß durch 100g des betroffenen Nahrungseiweißes aufgebaut werden kann. Generell wird tierisches Eiweiß zwar schneller umgesetzt als pflanzliches Eiweiß, doch im Fall der Sojabohne geht die FAO/WHO [6] davon aus, dass die Aminosäurezusammensetzung der Sojabohne der Aminosäurezusammensetzung von Rindfleisch gleichwertig ist und den Bedarf eines Erwachsenen Menschen deckt. (siehe Tabelle 1)

| Essenzielle Aminosäure | FAO/WHO | | | Entfettetes Sojamehl | Sojaprotein | |
	2-5	10-12	Erwachsen		Konzentrat	Isolat
Histidin	19	19	16	26	25	28
Isoleuzin	28	28	13	46	48	49
Leuzin	66	44	19	78	79	82
Lysin	58	44	16	64	64	64
Methionin+ Cystein	25	22	17	26	28	26
Phenylalanin+ Tyrosin	63	22	19	88	89	92
Threonin	34	28	9	39	45	38
Tryptophan	11	9	5	14	16	14
Valin	35	25	13	46	50	50

Tabelle 1: *Bedarf an essentiellen Aminosäuren verschiedener Zielgruppen inklusive der Verteilung auf die verschiedenen Sojaproteinprodukte (Angaben in mg/g und Tag an Protein) [6,7]*

Zusätzlich lassen sich aus der folgen Tabelle weitere Inhaltsstoffe und Nährwertangaben pro 100 g essbarem Anteil ablesen:

Energie	327 kcal
Eiweiß	34,3 g
Fett	18,3 g
Kohlenhydrate	6,3 g
Ballaststoffe	22 g
Kalium	1,74 mg
Calcium	255 mg
Magnesium	245 mg
Eisen	6600 µg
Carotinoide	380 µg
Vitamin E	1500 µg
Folsäure	240 µg

Tabelle 2: *Durchschnittlicher Gehalt in 100 Gramm getrockneten, ganzen Sojabohnen [8]*

Dass die Sojabohne nicht nur aus wertvollen Eiweiß und Ballaststoffen besteht, sondern auch aus Mineralien wie Eisen, Magnesium und Calcium sowie Vitamin E, Carotinoiden und Folsäure, wird anhand Tabelle 2 deutlich. Diese Nährstoffzusammensetzung macht die Sojabohne zu einer nicht nur aus der Ernährungsphysiologischen Sicht, wichtigen Rohstoffbasis für Lebensmittel.

Des Weiteren belegen wissenschaftlichen Untersuchungen, „dass das allergene Potenzial von Sojabohnen im Vergleich mit anderen bedeutenden Lebensmittelallergenen vergleichsweise gering ist." [4]

2.2 Der Aspekt der Nachhaltigkeit

Negative Umweltauswirkungen, wie z.b. die durch industrielle Landwirtschaft bedingte Übernutzung von Wasser und Boden und daraus resultierender Verlust von Ökosystemen lassen sich auf die industrielle Nahrungs- und Futtermittelproduktion zurückführen. Zu der Produzierten Nahrung zählen vor allem tierische Lebensmittel wie Fleisch- und Milchprodukte. Die Tierhaltung und Viehzucht die für die Nahrungs- und Futtermittelherstellung herangezogen werden sind für 18% aller globalen Treibhausgasemissionen verantwortlich. [4]

Der Grund für diese Intensivtierhaltung und die darauf folgende Nahrungs- und Futtermittelproduktion ist, besonders in den Industrieländern, einen übermäßigen Verzehr von tierischen Lebensmitteln. Um den negativen Umweltauswirkungen entgegenzuwirken und den herrschenden ökologischen Druck abzubauen, ist die Verringerung der Nachfrage nach tierischen Produkten notwendig. [4]

Bei einer Betrachtung des Energiesatzes zu Herstellung eines Kilogramms Protein zwischen pflanzlichem und tierischem Protein (siehe Abbildung 1) wird der wirtschaftliche und damit auch ökologische Vorteil deutlich. Dieser Vorteil liegt auf der Seite der Sojabohne bzw. des pflanzlichem Protein.

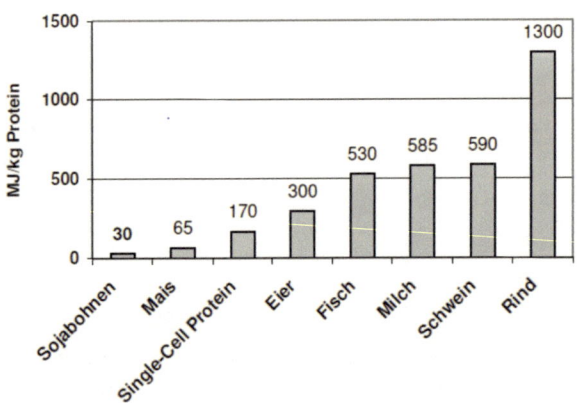

Abbildung 1: *Darstellung des spezifischen Energieeinsatzes zur Produktion eines Kilogramms an Protein in verschiedenen Organismen [5]*

Demnach werden für die Produktion eines Kilogramms Rinder-Protein 1300 MJ benötigt, wogegen bei der Produktion eines Kilogramms Soja-Protein nur 30 MJ aufgewendet werden.

3. Stand der Technik

Um der Fragestellung nach der Wirtschaftlichkeit neuer Innovationsversuchen und Prozesse nachgehen zu können, müssen erst einmal die aktuellen Prozesse der Sojabohnen-Verarbeitung definiert werden.

Aufgrund von antinutritiven Substanzen, die in der Sojabohne zu finden sind, ist es unausweichlich die Sojabohne vor dem Einsatz als Futtermittel und/oder Lebensmittel zu verarbeiten. Dadurch nimmt sie eine Sonderstellung ein, da andere Cerealien wie Mais oder Weizen auch unverarbeitet als Tierfutter verwendet werden können. Diese Sonderstellung wird durch den Doppelten Nutzen der Sojabohnenverarbeitung bekräftigt. Sowohl das für die menschliche Ernährung wichtige Öl als auch das für die Tiernahrung eingesetzte Protein sind Produkte aus der Sojabohnenverarbeitung. [7]

Obwohl das Protein aus der Sojabohne ebenso adäquat für die menschliche Ernährung eingesetzt werden könnte, finden nur ca. 3% des produzierten Sojaproteins in Form von Sojamehl in unsere Lebensmittel. Der Hauptteil der Welt-Sojaproduktion wird in Ölmühlen zu Sojamehl und darauf folgend zu Tierfutter verarbeitet (vgl. Abbildung 2)

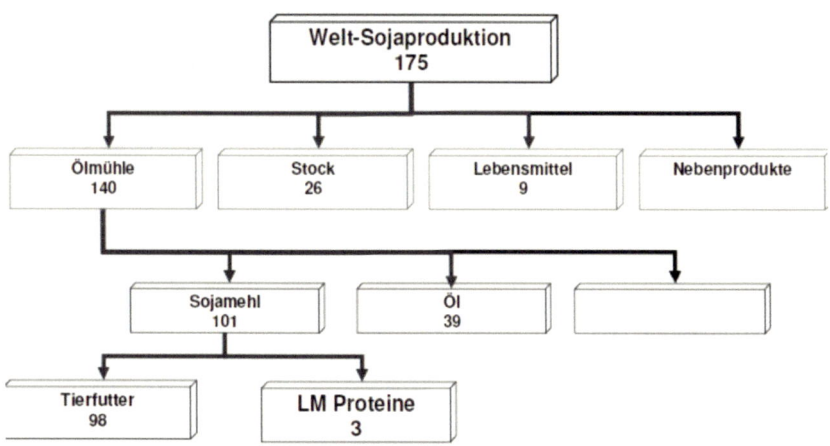

Abbildung 2: *Welt-Sojaproduktion und die Verarbeitung in Haupt- und Nebenprodukte. Angaben in 10^6 Tonnen [7]*

Prinzipiell werden Sojabohnen auf 2 Wegen, direkt und indirekt verarbeitet. Die direkte Verarbeitung wird überwiegend im Asiatischen Raum angewendet. Dabei wird die ganze Sojabohne zu vollfetten Sojamahlprodukten, Sojamilchprodukten, Tofu, Sojasauce etc. verarbeitet. Bei der indirekten Verarbeitung erfolgt eine vorausgehende Entölung und darauf folgende Herstellung von entfettetem Sojamehl, Sojaproteinisolat (SPI) und Sojaproteinkonzentrat (SPC), woraus anschließend auch texturiertes Sojaprotein („Textured Vegetable Protein" – TVP) hergestellt wird. [4]

3.1 Die direkte Verarbeitung

Während der direkten Verarbeitung der Sojabohne zu Lebensmittel, werden die Bohnen zunächst gereinigt, geschält und bei einer anschließender hydrothermischer Behandlung durch mahlen, walzen und sieben zu vollfetten Sojaprodukten verarbeitet. Die Kotyledonen (Keimblätter) werden bei diesem Prozess von den Schalen durch Aspiration getrennt. Um die Trennung erst einmal zu ermöglichen, müssen die Sojabohnen auf ein Restfeuchtegehalt von 9-10% Konditioniert werden. Für vollfette Sojaprodukte wie Mehlen, Grießen und Flocken werden die Keimblätter als Ausgangsmaterial verwendet. Die Enzymaktivität dieser Produkte stellt eine besondere negative Eigenschaft dar. [4,7]

Bei der Herstellung einiger Lebensmittel wie unter anderem Sojamilchprodukten, kommt es auf Grund der oxidative Enzymaktivität zu unerwünschten sensorischen Eigenschaften die durch die Bildung von Oxidationsprodukten auftreten. Demzufolge werden die Sojabohnen aber auch die vollfetten Verarbeitungserzeugnisse erhitzt (getoastet, blanchiert).Erst nach diesen thermischen Verarbeitungsschritten werden die Sojabohnen bzw. die vollfetten Sojamahlprodukte zu Lebensmitteln wie inaktivierte Mehle, Sojamilch, Sojadrinks und Tofu weiterverarbeitet. [11]

Neben der Inaktivierung der Enzymaktivität und der dadurch verhinderten Bildung von Oxidationsprodukten tritt bei der thermischen Behandlung aber auch eine unerwünschte graduelle Denaturierung der Proteine auf, die sich mit einer geringen Ausbeute und negativen bzw. fehlenden Qualitätsmerkmale der Endprodukte bemerkbar machen. Die Proteindenaturierung wird durch moderne Prozesstechniken, genauer gesagt durch eine genaue Kontrolle der Prozessschritte und - parameter eingegrenzt. Somit wird es möglich, eine gleichmäßige Produktqualität zu gewährleisten. Als Folge dessen ist ein Wachstum des Marktpotenzials für Produkte die eher im Asiatischen Raum bekannt sind zu verzeichnen. Zu diesen Produkten zählen beispielsweise Sojapasten, Sojasaucen oder auch fermentierter Sojaquark sowie auf Tofu basierende Eiscreme und Joghurt. [4,7]

3.2 Der indirekte Verarbeitungsweg

Bei dem indirekten Verarbeitungsweg wird die Sojabohne in großen Ölmühlen zu Sojaöl und Sojamehl weiterverarbeitet. Für die Entölung der Bohne werden überwiegend zwei verschiedene Verfahren angewandt. Zum einen kann die Entölung durch mechanisches Auspressen oder durch eine Lösungsmittelextraktion durchgeführt werden. Als Lösemittel wird hauptsächlich Hexan herangezogen. Die Lösemittelextraktion überwiegt, auf Grund der höheren Verarbeitungskapazität und der vergleichsweise niedrigeren Verfahrenskosten, das mechanische Auspressen.

Wie bereits erwähnt erfolgt die Verarbeitung in Ölmühlen wobei es im Wesentlichen um die Gewinnung von Sojaöl und die Herstellung von Sojamehl geht. Um Sojaprotein zu erhalten ist es bei der Lösemittelextraktion notwendig, dass die Entölung des geschroteten Sojas auf einen sehr geringen Restölgehalt (< 1 %) erfolgt. Dieses kann durch das Auspressen jedoch kaum erreicht werden. Daraus resultiert die Anwendung des Hexans als Lösemittel, um Sojaproteinprodukte aus extrahierten Sojaschroten herzustellen. Durch anschließende Ölraffination lassen sich zusätzliche Produkte gewinnen, die als Folge der Hexanentölung zustande kommen, da alle Hexan lösliche Inhaltsstoffe (Lezithin/Tocopherole) der Sojabohne in die Ölfraktion übergehen. [4,7]

Die Produktpalette und die Eigenschaften der Produkte stehen in Abhängigkeit zu der Art der Ölextraktion, der angewendeten Prozesstechnik sowie den verwendeten Verfahrensparametern, da der Grad der Verteilung der Inhaltsstoffe sich anhand des Entölungsrückstand unterscheidet. So wie beispielsweise Texturiertes Sojaprotein (TVP) durch Extrusion der Sojaschroten, also der Kombination von Scherkraft, Hitze und Druck innerhalb eines Extruders hergestellt wird, da diese direkt texturiert werden können.

4. Innovationsversuche

Wie bereits erwähnt, müssen Sojabohnen vor der Verarbeitung zu Proteinprodukten entölt werden. Das bisherige Verfahren der Entölung mittels Hexan birgt einige gewichtige Nachteile. So ist das Hexan nicht nur toxikologisch und umweltschädigend, es ist auch leicht entzündbar, weshalb eine erhöhte Explosionsgefahr beim Betrieb der Ölmühlen besteht. Aufgrund dieser negativen Eigenschaften ist der Einsatz von Hexan als Lösemittel umstritten. [7,9,10]So wird zum Beispiel ein Bio-Zertifikat für Soja-Proteinprodukte nur ausgestellt, wenn nachgewiesen werden kann, dass das Protein durch mechanisches Auspressen gewonnen wurde. [4]

Dementsprechend werden seit einiger Zeit Versuche unternommen, Hexan freie Lösemittel einzusetzen. Ein wässrig-alkoholisches Lösemittel bildet den Mittelpunkt vieler Forschungsprojekte, darunter auch ein Team von Wissenschaftlern der Technischen Universität Berlin. Das Lösemittel besteht dabei aus einer wässrigen Lösung mit kurzkettigen Alkoholen wie Methanol, Ethanol und Isopropanol in einer Konzentration von zirka 60% und ermöglicht die Extraktion von Kohlenhydraten aus dem Sojamehl bzw. den Sojaflocken. [7] Das Berliner Team entwickelte ein Verfahren, welches erfolgreich Öl aus der Sojabohne mit dem wässrig-alkoholischen Lösemittel extrahieren können und damit den Ölgehalt im Entölungsrückstand weit genug herabsetzen, um Proteinprodukte herzustellen, die in ihren analytischen und funktionellen Eigenschaften den der konventionell hergestellten Produkten gerecht werden. [9,10]

Der Feinheitsgrad des Sojamehls und die Konzentration des wässrigen Alkohols haben, anhand der Forschungsergebnisse einen bedeutenden Einfluss auf die Entölung. Dementsprechend ist die Entölung bei sehr feinem Sojamehl am effektivsten. Die optimale Konzentration des Alkohols, vor allem bei der Verwendung von Isopropanol wurde in einem Bereich von 31-38% ermittelt. Um den Aufschluss des Zellmaterials, nach dem Mischen des Sojamehls mit dem Lösemittel weiter zu erhöhen, setzen die Wissenschaftler ein Hochdruckhomogenisator ein, mit dessen Hilfe und den vorher definierten Anwendungen von Scherkräften das Öl in mehreren Stufen mittels Zentrifuge aus der Mischung verdrängt wird. Der Leistungsbedarf eines Homogenisators errechnet sich dabei aus folgender Formel: $\Delta\vartheta = \dfrac{P_{pumpe}}{c \cdot \rho}$ und ermöglicht dementsprechend ein effektiven Einsatz des Homogenisators um ein optimalen Homogenisierungsgrad zu erreichen.

Aufgrund der labortechnischen Optimierung, kann somit unter der Verwendung einer zweistufigen Homogenisierung bei zirka 200 bar ein Restölgehalt von <2% erreicht werden. Ein solch niedriger Restölgehalt bildet die Voraussetzung einer Weiterverarbeitung zu den Proteinprodukten (mit > 65% Proteingehalt) und führt zusätzlich zur Realisierbarkeit von gewünschten Qualitätsmerkmalen. [9,10]

Den Forschern ist es gelungen Sojaproteinisolate mit einem Protein Gehalt von über 90% und einem Ölgehalt von ungefähr 0,6% herzustellen. Möglich ist dies durch eine thermisch-mechanische Modifizierung des Entölungsrückstandes (in Anlehnung an konventionelle Verfahren), welches die Löslichkeit des Proteins anhebt. Die Anhebung der Löslichkeit ist durch die Entölung des Sojamehls mittels des wässrigen Alkohols und die damit einhergehende Herabsetzung der Protein-Löslichkeit bedingt, da es sonst auf direktem Weg nicht möglich ist, Sojaproteinisolate aus dem Entölungsrückstand herzustellen. [9]

Die Forschungsergebnisse belegen die funktionellen, ernährungsphysiologischen und sensorischen Eigenschaften der nach den labormaßstab optimierten und hergestellten Produkte, die den konventionellen und kommerziellen hergestellten Produkten entsprechen. Während der ersten Pilotversuche „führte die Hochdruckhomogenisierung unter den Bedingungen, die sich bei den Laborversuchen als optimal erwiesen hatten, zur Bildung stabiler Emulsionen und außerdem blieb der Restölgehalt im Entölungsrückstand deutlich über dem im Labormaßstab erreichten." [9] Im Rahmen des Projektes der Wissenschaftler der Technischen Universität Berlin konnten die Ursachen für dieses Phänomen nicht geklärt und sollen in darauf folgenden Projekten analysiert werden.

5. Wirtschaftlichkeit

Die vorab gestellte Frage nach der Wirtschaftlichkeit neuer Verfahren und Anlagen, soll möglichst mit dem folgenden Kapitel beantwortet werden, auch wenn einige Faktoren wie z.b. die ortsspezifischen Miets- und Grundstückspreise oder individuelle Personalkosten nicht berücksichtigt werden können. Zunächst werden aber einige allgemeine Fakten und Vorteile dargelegt:

Unter Anwendung des neu entwickelten Verfahrens ist es erstmals möglich, neben der Ölgewinnung, Protein in einer einzigen Anlage herzustellen, welches einen erheblichen Vorteil darstellt, da hier die Proteinherstellung mit der Ölgewinnung gekoppelt wird. Somit ist eine Fokussierung auf den Hauptinhaltsstoff der Sojabohne, das Sojaprotein möglich. Die Entölung und dementsprechend auch die Ölgewinnung wird somit nur zu einem Zwischenschritt im Gegensatz zu den konventionellen Verfahren, bei denen die Ölgewinnung das eigentliche Ziel ist. Zusätzlich können solche neuen Anlagen in kleinen, mittelständischen Fabriken betrieben werden, ohne dabei den Gefahren der Hexan Nutzung ausgesetzt zu sein. Hexananlagen müssen dagegen besonders groß sein, um eine effektive wirtschaftliche Auslastung zu erreichen.

Dementsprechend könnte neben den Herstellern von Sojaproteinprodukten und Ölen, die Anlagen- und Maschinenbauindustrie von diesen Erkenntnissen profitieren. Zusätzlichen lassen sich neue Zielgruppen erreichen und/oder wieder gewinnen, die zuvor vor Genmanipulierten oder durch Hexan gewonnenen Sojaprodukten nicht zu dem Kundenkreis gehörten.

Ein weiterer Grund für die Konzentrierung auf Sojaprotein wäre die ausbleibende Befriedigung des Weltmarktes, trotz einer Wachstumsrate von etwa 15% bei der Herstellung von Sojaprotein. Weil eine Sättigung des Marktes nicht abzusehen ist, ist die Gewinnmarge bei hohen Preisen besonders hoch. So liegt der Preis für ein Konzentrat zwischen 1-3 € /kg, für Isolate und Texturate sogar noch höher. [9,10]

Inwiefern sich das neue Verfahren und Anlagen rentieren, hat Seiler im Rahmen einer Dissertation [7]errechnet. Dabei stützt er sich auf die bereits bekannten Kosten einer konventionellen Ölmühle und dessen Produktionskosten. Zum Vergleich stellt er eine Budgetabschätzung für eine Anlagengröße mit einer Verarbeitungsleistung von 3 t/h gereinigter Sojabohnen auf, die sich aus dem Stand der Entwicklung ableitet und somit eine vorläufige Wirtschaftlichkeitsrechnung darstellt. Die Kosten für eine neue Anlage erstellt Seiler anhand von Anfragen an die Maschinenbauindustrie und ihrer Angebote.

Seilers Wirtschaftlichkeitsbetrachtung (Siehe Abbildung 3 und 4) zeigt, dass bei dem neuen Verfahren der Break-even Point bei „80 % Produktionsauslastung gegenüber 85 % beim konventionellen Verfahren erreicht werden könnte. Damit ist das neue Verfahren nach dieser Betrachtung tendenziell wirtschaftlicher einzuschätzen als das konventionelle." [7]

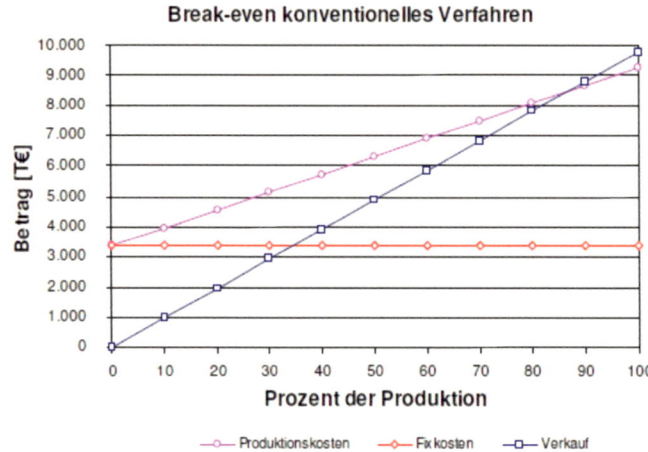

Abbildung 3: *Break-even Point in Abhängigkeit zur Produktionsauslastung im konventionellen Verfahren. [7]*

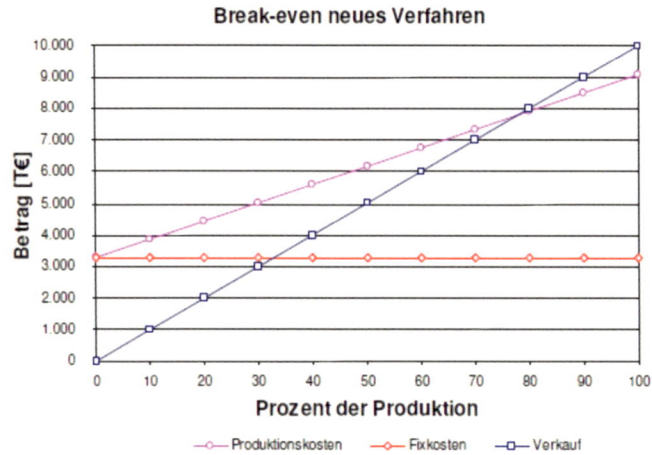

Abbildung 4: *Break-even Point in Abhängigkeit zur Produktionsauslastung während des neuen Verfahrens [7]*

6. Fazit

Aufgrund der ernährungsphysiologischen Vorteile der Sojabohne, gerade im Vergleich mit dem tierischem Protein und den Vorteilen für die Ökologie und dem nachhaltigen Anbau bietet sich die Sojabohne als Idealer Rohstoff zur Proteinherstellung und Ölgewinnung an.

Das neue Verfahren ermöglicht nicht nur die Kopplung von Ölgewinnung und Proteinherstellung, es sichert zusätzlich den Markt, da auf die toxikologische Wirkung und Nebenwirkungen im Sojaprotein verzichtet werden kann. Zudem wird das Explosionsrisiko in den Anlagen, durch den Verzicht auf Hexan gesenkt.

Die ausbleibende Sättigung des Weltmarktes in Bezug auf das Sojaprotein verspricht in Verbindung zu den hohen Preisen eine lukrative Investition. Die bisherigen Wirtschaftlichkeitsbetrachtungen zeigen einen, wenn auch geringen Vorteil auf Seiten des neuen Verfahrens, der sich aber durch Ausweitung des Produktsortiments und des Potentials der neuen Anlagen zur Erhöhung der Produktionskapazität weiter ausbauen lassen kann.

Das neue Verfahren hat somit eine reelle Chance realisiert zu werden, „wenn dazu geeignete Randbedingungen, wie Rohstoffauswahl, Endprodukteigenschaften etc., vorliegen." [7]

7. Quellenverzeichnis

[1] LIU, K.: Soybeans Chemistry, Technology, and Ulilization. Chapman & Hall, New York, USA (1997).

[2] BOCKISCH, M., Handbuch der Lebensmitteltechnologie, Nahrungsfette und – öle, Ulmer, Stuttgart, (1993).

[3] Bundesforschungsanstalt für Ernährung und Lebensmittel: Nationale Verzehrs Studie 2, Karlsruhe, 2008

[4] Klade M., Kellner J., Grundlagenstudie zu Fleischersatzprodukten, FEP Studie, Dezember 2007

[5] GASSMANN, B.: Preparation and application of vegetable proteins from sunflower seed for human consumption, An approach, Nahrung, 27, (1983), 351.

[6] FAO/WHO: Protein Quality Evaluation, Report of the Joint FAO/WHO Expert Consultation. Rome: FAO Food and Nutrition Paper No. 51 (1991).

[7] Seiler M., Evaluierung der technischen und wirtschaftlichen Umsetzbarkeit eines neuartigen Verfahrenskonzepts zur Herstellung von Proteinprodukten aus Sojabohnen, Technischen Universität Berlin, 2006

[8] Souci Fachmann, Kraut, Ernährung aktuell 2005/4

[9] Prof. Dr. Dr. F. Meuser, „Entwicklung eines neuen Verfahrens zur Herstellung von Sojaprotein-produkten aus Sojamahlprodukten", Technische Universität Berlin, Forschungskreis der Ernährungsindustrie e.V. (FEI), Institut für Lebensmitteltechnologie, FG Getreidetechnologie, 2002

[10] Arbeitsgemeinschaft industrieller Forschungsvereinigungen "Otto von Guericke" e.V., 03.03.2004

[11] EX-TECHNIK, EXTRAKTIONSTECHNIK.: Ein neues Verfahren zur Entbenzinierung von Schroten unter Erhaltung der Wasserlöslichkeit des Proteins. Vortrag DGF-Tagung, Münster, (1968).

8. Abbildungsverzeichnis

9. Tabellenverzeichnis